DRÔLE D'IMMEUBLE !

Texte : Sophie Laroche.
Illustrations : Enrique Lorenzo.
Conception graphique : Audrey Thierry.
Mise en pages : Clémentine Lemoine.

Hachette Livre, 58, rue Jean-Bleuzen, 92178 Vanves Cedex.

DRÔLE D'IMMEUBLE !

Terreur dans la cave

hachette
JEUNESSE

Salon de thé

C'est le fils de la concierge ! Il est au courant de tout avant tout le monde. Il a même accès à des endroits interdits. C'est sans doute pour ça qu'il est considéré comme le chef de bande.

LA FAMILLE WILSON

Emily est la meilleure amie d'Elliot. Depuis la maternelle, ils sont toujours fourrés ensemble. Si bien qu'on les surnomme « les amoureux », ce qui a le don de les agacer !

LA FAMILLE BELLOUM

Nadim

Pour Nadim, l'important, c'est d'être bon à l'école et de rester sage… Tout l'inverse de ses copains, qui s'amusent à lui faire enfreindre les règles !

LA FAMILLE CHAHUT

Chloé & Cléo

Pleines de [gentille] malice, les jumelles ont toujours une idée loufoque derrière la tête. Il n'y en a pas une pour rattraper l'autre !

LA FAMILLE LENOIR

Gabriel

Cet as du bricolage a de l'or au bout des doigts. C'est simple, il imagine chaque jour une nouvelle invention !

M. Lopez
Alias Super Papi !
Mme Morbleu
Surnom :
« la sorcière »
Fred
À la fois chauve
et coiffeur !
Vanessa
Mission :
sauver le monde
(et les chats)
POMPIER

1
Le secret d'Elliot

– Tu veux vraiment manger des frites ?

– Oui, les frites, c'est délicieux avec les steaks hachés !

– On ne pourrait pas préparer des haricots verts plutôt ?

Cette discussion entre une mère et son fils pourrait être tout à fait banale… si c'était le fils qui réclamait des frites et la maman qui le poussait à manger des légumes. Mais ce jeudi soir, dans la petite cuisine de la loge de l'immeuble, c'est la scène inverse qui se joue : Elliot refuse les frites. Patricia regarde son fils avec étonnement, puis elle capitule.

– Bon, c'est comme tu veux, cède-t-elle. Je vais préparer des haricots verts. Mais je vais ajouter quelques pommes de terre à la vapeur. Va m'en chercher à la cave, s'il te plaît !

Cependant, elle n'est pas au bout de ses surprises.

– Finalement, je veux bien des frites ! annonce Elliot. *Que* des frites.

Patricia a eu une longue journée, elle est fatiguée et elle décide de ne pas chercher à comprendre ce changement.

Elle a raison, car Elliot n'aurait rien voulu expliquer...

Que les choses soient claires : Elliot aime les haricots verts, mais il préfère de loin les frites ! Surtout celles de sa mère, qui sont délicieuses : elle les prépare elle-même, avec les pommes de terre que cultive pépé Albert, le grand-père d'Elliot. Chaque fois qu'ils lui rendent visite, ils repartent avec une grande quantité de fruits et légumes. Le problème, c'est que les pommes de terre sont stockées... à la cave ! Et Elliot déteste descendre seul à la cave. Rien que d'imaginer le couloir sombre, le néon grésillant qui peut s'éteindre à tout moment, la sensation d'humidité et l'odeur de pourriture, il a les jambes qui flageolent.

Seulement, il est absolument hors de question de l'avouer à sa maman : elle le prend encore trop souvent pour un bébé. Conclusion : il ne reste plus à Elliot qu'à rassembler tout son courage. Mais il a dû trop bien le ranger, car il n'arrive plus à le retrouver.

Heureusement, Elliot n'a pas perdu ses bonnes idées ! Et s'il allait chercher un copain ou une copine pour l'accompagner à la cave ? Voilà la solution !

Son premier réflexe est d'envoyer un message à Emily par leur mode de communication ultra-secret (non, vous ne saurez toujours pas lequel !). Mais avant même de se lancer, Elliot réalise que ce n'est pas le meilleur choix. Lors des dernières vacances, Emily et sa famille sont allées en Écosse, où ils ont visité un château hanté. En tout cas, Emily a cru le guide touristique qui leur affirmait qu'il était hanté. À son retour, elle a raconté à son meilleur ami qu'elle avait eu la peur de sa vie dans chaque pièce.

– Le guide lui-même avait une tête de fantôme, avec son chapeau haut de forme et son étrange sourire, a-t-elle assuré.

Elliot s'est gentiment moqué d'Emily et il a affirmé haut et fort que *jamais* il n'aurait eu peur, lui. Difficile maintenant de reconnaître qu'il craint de descendre à la cave...

Heureusement, il a plus d'un tour dans son sac et plus d'un copain dans les étages ! Le garçon attrape un panier en osier et sort de la loge. À peine a-t-il mis un pied dans l'escalier que Patricia l'interpelle.

– Elliot, que fais-tu ? le questionne-t-elle. La cave, c'est en bas, pas en haut...

Elle a raison ! Et Elliot, lui, a l'air idiot...

– Je passe juste chez Nadim, j'ai un truc hyper important à lui dire ! ment-il.

D'accord, mentir à sa maman, c'est moche. Mais c'est peut-être un peu excusable quand il est question de préserver son image de garçon courageux et autonome... Dès que Patricia est rentrée dans sa loge, il se rue dans l'escalier, direction le premier étage.

Il sonne d'abord à l'appartement de la famille Chahut. Il sonne même cinq fois. Il y a un tel ramdam à l'intérieur que personne ne l'a entendu ! Par contre, Mme Morbleu, leur voisine de palier, entrouvre sa porte.

– Qu'est-ce que tu fais là à cette heure-ci ? demande-t-elle d'une voix suspicieuse.

Elliot hésite. Il doit se débarrasser de la vieille dame, et vite. Alors tant pis, il ment une seconde fois en moins de deux minutes :

– Je viens demander à mes copines de baisser le son de la musique, parce que j'ai du mal à me concentrer pour apprendre ma poésie.

À ce moment-là, il se passe quelque chose d'incroyable : l'effrayante Mme Morbleu affiche un air attendri et gentil.

– Je te comprends, mon garçon, ils font un de ces boucans ! commente-t-elle. Je n'arrive pas à entendre la télévision et...

Et quoi ? Elliot ne le saura pas : la voisine claque la porte de son appartement, comme si elle venait de se rappeler qu'elle avait une casserole sur le feu. En réalité, elle s'est juste souvenue que son feuilleton du soir commençait quand son système de surveillance secret lui a signalé une présence sur le palier. Elle a loupé le début de l'épisode ! Loin de ce drame terrible, Elliot voit enfin la porte devant lui s'ouvrir. C'est Chloé ! Ah non, c'est Cléo.

– Coucou, Elliot, qu'est-ce qui t'arrive ? demande-t-elle.

Son copain expose avec rapidité et franchise la situation délicate dans laquelle il se trouve. Chloé les a rejoints et les jumelles échangent quelques regards silencieux. Elliot sait ce que cela signifie : elles se parlent avec les yeux.

– Je suis désolée, mais on ne peut pas venir, lui répond Chloé. Ce soir, papa n'est pas en déplacement et maman ne travaille pas de nuit.

– Alors on dîne tous ensemble et on vient juste de passer à table ! poursuit Cléo.

– Ce n'est pas grave, les rassure Elliot, avant de filer à l'étage du dessus, chez la famille Belloum.

Cette fois, pas de tintamarre dans l'appartement, juste la douce mélodie des notes de piano qui traversent la porte en bois. C'est Nadim qui lui ouvre. Quand Elliot lui annonce la raison de sa visite, son ami affiche une mine contrite.

– Je suis désolé, Elliot, j'aurais aimé t'accompagner. Mais j'ai un contrôle de maths demain, et je n'ai pas fini de réviser. J'étais en plein exercice et...

Nadim plaque une main contre sa bouche.

– Ça y est ! J'ai oublié combien font sept fois huit ! s'affole-t-il.

– Cinquante-six, répond Elliot à une porte déjà refermée.

Lui est fort en maths, mais ça ne le console pas. Il doit maintenant toquer à la porte d'en face, celle d'Emily... C'est son amie qui lui ouvre. Il lui explique qu'il a besoin d'elle pour aller chercher des pommes de terre à la cave parce que... parce que... parce qu'il a peur.

– Un tout petit peu peur ! précise-t-il.

Mais c'est insuffisant. Au grand sourire qui se dessine sur le visage de sa copine, Elliot comprend qu'elle n'a pas oublié ses moqueries sur les fantômes. Elle fait semblant de réfléchir.

– Le moqueur a peur, c'est bien fait pour... sa pomme, le charrie-t-elle, avant d'annoncer sa décision : Je viens avec toi.

D'un silencieux sourire, Elliot reconnaît que la blague est bonne et méritée.

– Merci, murmure-t-il.

Emily pose la main sur l'épaule de son ami.

– De rien ! Et ne t'inquiète pas, s'il y a un monstre à la cave, je m'en occupe, fanfaronne-t-elle. J'ai la super patate !

– Tu veux dire que tu as la frite ! réplique Elliot.

Et les deux complices dévalent l'escalier en rigolant.

2

Peur bleue dans le noir

Elliot et Emily attaquent maintenant les marches qui mènent à la cave. Mais leur bonne humeur, elle, est restée bloquée au rez-de-chaussée : plus ils descendent, plus l'angoisse monte... Les voilà dans le couloir. Elliot appuie sur l'interrupteur, et les trois ampoules à nu qui pendent du plafond révèlent un sol en béton et de sinistres murs de pierre.

– On devrait repeindre les murs en bleu turquoise, le plafond en jaune et le sol en rose, annonce Emily. L'endroit serait beaucoup plus accueillant. On pourrait aussi mettre des lustres...

Tandis que son amie se transforme en décoratrice d'intérieur, Elliot reste concentré sur sa mission. D'un pas rapide, il longe les portes une à une pour enfin arriver à celle du box de sa mère. Manque de chance, c'est le dernier de la rangée. Cette fois encore, la clé se montre capricieuse. Elliot tente d'ouvrir à plusieurs reprises, en vain. Il renonce : tant pis, ce soir, ce sera haricots verts au menu et ce sera très bien comme ça ! Mais Emily ne l'entend pas de cette oreille. Sans prononcer un mot, elle prend la clé des mains de son copain, l'introduit à son tour dans la serrure et la tourne une seule fois.

Je vous laisse deviner la suite au sourire victorieux qui illumine son visage. Mais Elliot n'a pas le temps d'être vexé : il allume la lumière dans le box, il s'empresse de mettre quelques pommes de terre dans son panier, puis il éteint, il referme la porte et s'apprête à filer ! Emily le retient par le bras.

– Elliot, attends ! lance-t-elle.

– Qu'est-ce qu'il y a ? s'inquiète-t-il.

– Rien ! Il ne se passe rien ! lui répond-elle. C'est ça que je veux que tu constates. Comme ça, tu n'auras plus peur en descendant à la cave.

Elliot examine son amie, puis les lieux, puis de nouveau son amie. Aucune ironie dans son regard, elle veut juste l'aider. Alors Elliot lui adresse un grand sourire à son tour.

– Emily, tu as totalement raison, annonce-t-il.

Il prend une grande inspiration, ferme les yeux, les ouvre de nouveau.

– Je n'ai plus peur ! confirme-t-il. Merci !

Les deux amis se pressent néanmoins de remonter le couloir : Patricia attend ses pommes de terre pour préparer les frites. Mais tout à coup, ils entendent un son étrange. Ils se figent tous les deux en échangeant des regards inquiets et en cherchant l'origine du bruit. Ils se trouvent devant le box de Mme Morbleu. Que se passe-t-il derrière cette porte ?

– J'ai cru entendre comme des coups frappés contre la porte en bois, murmure Emily.

– Moi aussi, mais c'est sans doute rien, tente de la rassurer Elliot, tout en se rassurant lui-même.

Seulement, ça ne fonctionne pas très bien, ni pour Emily ni pour lui !

– Si tu veux, je peux essayer de regarder si je vois quelque chose, propose-t-il.

En effet, les portes des box ne touchent ni le plafond ni le sol. Il y a un espace vide de vingt centimètres environ en haut et en bas. Elliot se hisse sur la pointe des pieds, mais ce n'est pas suffisant pour qu'il puisse voir l'intérieur du box. Tant pis, il s'allonge sur le sol et tente de regarder par en dessous. C'est alors qu'un grincement très désagréable leur déchire les tympans. Il se passe des choses derrière cette porte, c'est certain ! Mais quoi ? Les deux amis n'ont pas besoin de se parler pour savoir que ni l'un ni l'autre n'est prêt à percer le mystère pour l'instant. Un simple échange de regards suffit à sonner la retraite : Elliot se relève brusquement et ils détalent à toutes jambes. Le garçon ralentit juste une seconde pour éteindre la lumière (Patricia est très stricte sur le sujet des économies d'énergie !). Une fois en sécurité dans l'entrée de l'immeuble, les deux amis s'arrêtent et reprennent leur souffle.

– C'était étrange ! commence Emily.

– C'était effrayant ! complète Elliot, en frottant son pantalon pour enlever les saletés.

Son amie opine de la tête : c'est officiel, elle aussi a peur de descendre seule à la cave, désormais. Et pas seulement pour faire comme son meilleur ami !

Tandis qu'Emily remonte chez elle, Elliot prend une grande décision : il va expliquer à sa mère qu'il a peur d'aller à la cave, et surtout pourquoi. Et tant pis si elle le prend pour un bébé. Il faudra bien qu'elle le croie et qu'elle mène son enquête ! Après tout, un grand danger menace peut-être tous les habitants de l'immeuble !

Patricia est une maman très à l'écoute et une concierge très professionnelle, elle va comprendre la gravité de la situation.

Manque de chance, Patricia ne le prend pas du tout au sérieux. Enfin, si : elle prend sa peur au sérieux. Mais pas son histoire de bruits étranges.

– Tu sais, quand j'avais ton âge, j'avais peur du noir, moi aussi, raconte-t-elle. Quand mamie Arlette m'envoyait chercher des fruits ou des légumes le soir dans la grange, j'étais toujours effrayée. Je n'y allais jamais sans Lulu, notre chien.

Elliot n'est pas convaincu.

– Ça n'a rien à voir, maman ! Il ne fait pas noir, dans la cave ! se justifie-t-il. Et j'ai vraiment entendu des bruits terribles. La preuve, Emily les a entendus aussi. Tu n'as qu'à lui demander !

Rien n'y fait. Patricia épluche ses pommes de terre et les coupe en frites sans s'inquiéter du monstre qui dort peut-être juste sous ses pieds ! Elliot se résigne : il ne parviendra pas à la convaincre.

Mais ça ne doit pas l'empêcher de mener sa propre enquête !

3

Un mystère à résoudre

Elliot est le genre de garçon qui s'endort dès qu'il pose la tête sur son oreiller. Enfin ça, c'était avant. Quand il ignorait que sa chambre douillette était située juste au-dessus d'un endroit dangereux. Ce soir, il se retourne dans son lit. Est-ce qu'un esprit frappeur habite la cave de Mme Morbleu ? Est-ce pour cela qu'elle est si désagréable ? Ses copains et lui la surnomment la sorcière : et si, en fait, elle en était vraiment une ? Une sorcière moderne ?

Elliot se redresse dans son lit et attrape la bouteille posée sur sa table de chevet. Boire une grande gorgée d'eau lui rafraîchit les esprits : non, les fantômes et les sorcières, ça n'existe pas. Rassuré, il se rallonge et ferme de nouveau les yeux.

Seulement, ses pensées repartent à la vitesse d'un cheval au galop. Emily et lui ont bien entendu des bruits étranges dans la cave. Ils ne sont pas deux à les avoir imaginés, quand même ! Il se passe quelque chose dans le box de Mme Morbleu. Reste à savoir quoi.

Elliot bâille, le sommeil le gagne doucement. Peut-être que Mme Morbleu retient son mari prisonnier. Elle affirme qu'il est mort, mais personne n'en a la preuve. Peut-être qu'il a voulu quitter

cette grincheuse et qu'elle ne l'a pas supporté ?

Oui, on imagine parfois des choses étranges quand on s'endort. (Ça ne vous est jamais arrivé ?) Et souvent, ça nous réveille !

Cette fois, Elliot se relève, allume la lampe de chevet et attrape son manga sur la table de nuit. Il en lit quelques pages, jusqu'à ce que ses paupières s'alourdissent. Très vite, ça marche, Elliot n'a plus peur. Il éteint la lumière et s'allonge de nouveau. Il en est convaincu : pas de mari prisonnier dans la cave. Il cherche donc des réponses plus logiques.

Peut-être que Mme Morbleu élève des souris en douce, pour les donner à manger vivantes à son chat Jojo (dont le vrai nom est Joseph, prénom du défunt mari, avouez que c'est troublant !). Elliot frémit puis se rassure : impossible que sa voisine du premier nourrisse son chat de souris vivantes, l'animal est terrifié dès qu'il croise un mulot dans le jardin !

Mme Morbleu est impressionnante avec son long poil au menton et sa voix rocailleuse, et elle râle beaucoup, mais au final, elle n'a jamais fait de mal à personne. Peut-être qu'elle ne sait pas elle-même qu'il se passe des choses étranges dans sa ca...

Elliot s'endort avant la fin de sa phrase.

Le lendemain, Elliot bâille beaucoup en classe. Enfin, l'école se termine ! Le garçon rentre chez lui et avale vite fait son goûter pour reprendre des forces (et parce que c'est délicieux). Puis il se rend dans le jardin, où il convoque ses amis de son légendaire coup de sifflet. À l'ordre du jour : le mystère de la cave. Trois minutes plus tard, Emily, Chloé, Cléo, Nadim et Gabriel sont au rendez-vous. Nora aussi, qui a suivi son grand frère. Elle a encore les lèvres barbouillées de pâte à tartiner au chocolat.

– Nora, c'est une réunion de grands, tente de lui expliquer Elliot.

Mais la petite fille hausse les épaules.

– Alors pourquoi Chloé et Cléo ont emmené Jules ? rétorque-t-elle.

– Parce qu'on doit le garder ! rappelle Cléo. Il n'a que trois ans, il est trop petit pour rester seul. Tandis que toi, tu pourrais être tranquille chez toi à finir ton goûter devant le dessin animé de ton choix, puisque Gabriel est là avec nous...

Mais l'argument ne fonctionne pas.

– Gabriel passe son temps à bricoler dans sa chambre, réplique Nora. Je regarde toujours ce que je veux à la télé.

Quelle enquiquineuse ! songe Emily. Eh bien, tant pis pour toi...

– OK ! Reste ! annonce-t-elle. On va raconter notre rencontre avec le fantôme de la cave. Si tu fais de monstrueux cauchemars la nuit prochaine, tu sauras que c'est ta faute. On t'aura prévenue !

Hélas, l'idée d'entendre des histoires qui font peur semble réjouir Nora ! La fillette affiche un sourire impatient. Tant pis, il faut commencer la réunion. Elliot explique pourquoi il les a convoqués, puis Emily et lui donnent un récit détaillé et exaltant de leur virée de la veille. (Juste entre nous, ils exagèrent un peu sur la force des coups et sur la puissance du grincement !)

Nadim les croit sur parole. Les esprits existent, c'est certain. La preuve : sa

mère, qui est professeur de yoga, parle souvent de la force de l'esprit pendant ses cours. Gabriel, lui, s'imagine déjà trouvant un moyen de pénétrer dans le box de Mme Morbleu sans forcer la serrure. Il doit pouvoir bricoler un truc...

– Juste pour regarder ! tient-il à préciser. Pas pour voler quoi que ce soit.

– Tu penses qu'il faut aller voir ? le questionne Emily avec une pointe d'inquiétude dans la voix.

Elle n'est pas certaine d'avoir envie de redescendre dans ce couloir avant d'avoir fêté ses cent ans ! Elliot, en revanche, est tout de suite emballé par le projet : avec tous ses copains, il n'aura pas peur. Emily se vexe un peu, mais pas longtemps. Après tout, ça peut être une vraie aventure comme ils n'en ont jamais vécu... Aussi forte que la visite de son château en Écosse.

Seules Chloé et Cléo ne sont pas convaincues.

– Les fantômes et les esprits, ça n'existe pas, rappelle l'une.

– Vous n'allez trouver que des toiles d'araignées dans ce box, prédit l'autre.

Puis elles se regardent droit dans les yeux. Leurs amis connaissent cette manie : elles se parlent en silence.

– C'est OK, on vient avec vous ce soir, annoncent-elles d'une seule voix. Comme ça, quand tout le monde se mettra à paniquer, il y en aura au moins deux qui garderont leur sang-froid.

Rendez-vous est donné le lendemain après-midi, en fin de journée. Plus précisément à ce moment entre le jour et la nuit qu'on appelle « entre chien et loup ». Mais ne parlons pas de loup à nos amis, ils sont déjà peu rassurés à l'idée de ce qu'ils vont découvrir dans le box...

•

4

Le mystère s'épaissit

Le lendemain soir, tous les enfants sont présents au rendez-vous. Enfin, presque tous : Nora manque à l'appel. Mais ça n'a pas été simple pour Gabriel de se débarrasser de sa petite sœur : Elliot est passé chez les Lenoir une heure plus tôt pour annoncer que la réunion était annulée. Gabriel a affirmé haut et fort, pour que Nora l'entende bien, à quel point il était désolé. Ce à quoi Elliot a répondu que c'était plus raisonnable : cette mission était beaucoup trop dangereuse !

– Et voilà ! Ça a marché ! triomphe Elliot.

Pas longtemps... Nora déboule de l'escalier juste à ce moment-là. Elle porte un lourd casque métallique sur la tête.

– Qu'est-ce que tu fais avec le casque de pompier de Vanessa ? questionne son grand frère.

– C'est son ancien casque. Elle me l'a prêté, répond fièrement sa petite sœur. Je lui ai dit que c'était pour jouer, mais c'est pour me protéger !

Elle désigne du doigt la porte de la cave.

– S'il y a un esprit frappeur là-dessous, il pourra toujours me taper sur la tête, je ne sentirai rien ! assure-t-elle.

D'un mouvement particulièrement synchronisé, Chloé et Cléo haussent les épaules.

– C'est ridicule ! jugent-elles.

Puis elles remarquent que Nora n'est pas la seule à s'être équipée : Elliot porte une lampe frontale sur sa tête et Emily tient dans sa main un rouleau à pâtisserie.

– Je ne connais pas meilleure arme de défense ! se justifie-t-elle.

– Tu as déjà testé ? s'inquiète Gabriel.

Emily rougit.

– Non, pas vraiment..., précise-t-elle. Je m'en suis juste servie pour menacer Harriet un jour où elle m'enquiquinait trop.

Nadim sort à son tour les objets qu'il a apportés : une lampe de poche et... un petit miroir. Il semble très fier de lui. Aucun de ses amis ne comprend l'intérêt d'emporter un miroir (il y a mieux

à faire que d'admirer son reflet quand on se fait attaquer par un monstre), mais personne ne le lui signale : ça le blesserait inutilement. L'équipée part en mission, direction la cave. Elliot et Emily ouvrent la marche, Gabriel la ferme. Avec tous les copains, les murs gris et les ampoules à nu semblent tout de suite moins sinistres, songe Elliot. Emily doit être connectée à son cerveau, parce qu'à ce moment précis, elle déclare :

– Un coup de peinture sur les murs, le sol et le plafond, ça serait quand même chouette.

Le groupe stoppe devant la porte du box de Mme Morbleu.

– Qu'est-ce qu'on fait, maintenant ? questionne Gabriel.

Bonne question, en effet ! Échange de regards rapides : personne n'a la réponse. Sauf peut-être Nadim, qui ressort son miroir. Quelle idée a-t-il derrière la tête ?

Le garçon s'agenouille, puis il sort sa lampe et il l'allume. D'une main, il la glisse sous la porte. De l'autre, il pousse la moitié du miroir dans le box.

– Waouh ! Quelle idée géniale ! s'exclame Gabriel, admiratif. On pourrait encore améliorer le système, il faudrait...

Mais ses compagnons d'aventure ne l'écoutent pas. Ils examinent les images que renvoie le miroir. Mme Morbleu stocke beaucoup de choses étranges dans son box. Il y a un mannequin de grand magasin vêtu d'une veste de plongée sous-marine, un vieux téléphone avec des chiffres inscrits sur un cadran à tourner, un parasol (ouvert !) avec des trous en forme de triangles et de carrés découpés dans la toile... Enfin, la lampe de Nadim se pose sur la photo d'une très belle jeune fille, qui offre un magnifique sourire au photographe.

– Ça alors, c'est Mme Morbleu quand elle était jeune ! s'étonne Emily.

Comment une si belle jeune fille, qui semble si heureuse, a pu se transformer en une vieille dame râleuse, aigrie et... moche ? Voilà un mystère qui l'intrigue. Mais ce n'est pas celui du jour, comme le rappelle le chef d'expédition. Il n'y a pas de fantôme ou de prisonnier dans ce box.

– Rien de suspect, conclut Elliot. On peut remonter.

Il est déçu. Comme tous les autres. Enfin, comme *presque* tous les autres. Parce que les jumelles éclatent de rire. Emily leur adresse un regard interrogateur. Depuis qu'ils sont descendus dans

la cave, les deux sœurs n'arrêtent pas de pouffer. Emily s'est dit que c'était leur manière de gérer leur peur : des rires nerveux. Mais il semblerait qu'elle se soit trompée ! Chloé passe aux aveux.

– Elliot, quand tu nous as avoué que tu avais peur d'aller à la cave, hier soir, ça nous a donné une idée..., explique-t-elle. Nous avons eu envie de te faire une farce.

– Nous sommes vite allées nous cacher dans notre box, poursuit Cléo. Quand Emily et toi êtes descendus, nous vous avons laissés avancer, puis nous avons

fait des bruits bizarres. Notre box est juste à côté de celui de Mme Morbleu, c'est pour ça que vous avez cru que les bruits venaient de là...

Et sans doute aussi parce qu'Elliot et Emily ont peur de Mme Morbleu (pas trop mais un peu quand même), alors qu'ils ne craignent pas du tout les parents des jumelles. Toutefois, un détail tracasse Elliot.

– Alors, vous n'êtes pas restées dîner avec toute votre famille, comme c'était prévu ? interroge-t-il.

Cléo rougit.

– En fait, on avait fini de manger quand tu as sonné, avoue-t-elle. On a dîné tôt car maman devait partir travailler à l'hôpital.

Chloé prend la relève.

– Ne soyez pas fâchés ! supplie-t-elle ses amis. C'était juste une

blague, on allait tout vous dire dans le jardin, puis Gabriel a eu l'idée de cette expédition. Ça nous a semblé tellement drôle !

Elliot, Gabriel, Emily et Nadim se concertent du regard. (Eh oui, cette fois, c'est leur tour !)

– Je suis désolée, les filles, commence Emily. Mais...

– Votre soi-disant blague est impardonnable, complète Gabriel.

– Absolument impardonnable, insiste Nadim.

– Nous avons eu si peur, explique Elliot. Et cela deux nuits de suite. En plus, j'ai dû le dire à ma mère. Elle qui me prend déjà pour un bébé !

Elliot se tait un instant. Puis il toussote.

– Pas besoin de réunir le conseil des copains, annonce-t-il.

– Non, pas besoin, confirme Emily. Cléo et Chloé, vous êtes exclues de notre bande.

– Définitivement, précise Nadim.

– La sentence est irrévocable ! conclut Gabriel.

Ça alors, c'est vraiment dur ! Il ne s'agissait que d'une blague, quand même. Certes effrayante, mais de là à rompre une belle amitié, c'est une décision sévère. Les jumelles sont estomaquées. Chloé sent les larmes lui monter aux yeux.

À ce moment-là se produit un nouveau phénomène très étrange. Cette fois, ce ne sont pas les jumelles mais tout le reste de la bande, Nora y compris,

qui éclate de rire exactement au même moment !

– On vous a bien eues ! résume la petite fille.

Les jumelles n'apprécient pas la blague.

– C'était horrible ! s'exclame Chloé.

– Horrible, effrayant, c'est un peu la même chose, en fait, non ? lui demande Elliot, en lui adressant un clin d'œil.

Et les sœurs rient à leur tour.

– Bravo ! Vous nous avez bien fait marcher, reconnaît Cléo. Nous sommes quittes.

C'est dans la joie et la bonne humeur que la bande, désunie puis réunie en moins d'une minute, se décide à quitter la cave... avant que tout bascule !

Au moment précis où Gabriel pose la main sur la poignée de la porte qui mène à l'étage, tous les murs se mettent à vibrer en même temps.

– Qu'est-ce qui se passe ? s'affole Emily.

Pour toute réponse, un grondement sourd déchire l'air. Les enfants se bouchent les oreilles avec leurs mains.

– Nous n'y sommes pour rien, cette fois ! annonce Chloé d'une voix tremblante.

Tout le monde la croit.

– Gardons notre calme, propose Elliot sur un ton qu'il veut rassurant. Cherchons à comprendre ce qui se pa...

La fin de la phrase reste suspendue à ses lèvres : la lumière s'est mise à clignoter et vient de s'éteindre totalement. Les enfants ne se voient plus, ils n'entendent que les souffles inquiets des uns et des autres. La scène leur semble durer une éternité. Plus question de percer le moindre mystère, c'est le moment de déguerpir ! Gabriel sort de sa torpeur. Il ouvre la porte et la bande s'engouffre derrière lui. Jamais un escalier n'a été monté aussi vite !

5

Harriet aux manettes

Pousser la lourde porte d'entrée de son immeuble est un effort qu'Harriet, autrement dit la reine de la flemme, accepte de faire parce qu'elle n'a pas trouvé d'autre moyen de rentrer chez elle. En revanche, après un tel exploit sportif, la grande sœur d'Emily n'a pas prévu – mais alors pas du tout prévu ! – d'être bousculée par une bande de gamins complètement excités et affolés.

– Qu'est-ce qui vous arrive ? demande-t-elle, avant de tout de suite regretter sa question.

En réalité, elle s'en fiche. (Harriet se fiche de tout ce qui arrive aux enfants, maintenant qu'elle est grande.)

Écouter sept personnes qui parlent en même temps est aussi un exploit dont elle est incapable. Elle capte bien un mot ou deux par ci par là, mais ils ne lui semblent pas très logiques : qu'est-ce qu'un fantôme a à voir avec des frites et un miroir ? Résultat : sa curiosité est piquée, elle veut en savoir plus. Mais en tant qu'aînée, elle se doit de dissimuler son intérêt. C'est donc d'une voix blasée et moqueuse qu'elle les questionne.

– Alors, les sept nains, qu'est-ce qui vous arrive *vraiment* ? leur demande-t-elle. Parlez un à la fois sinon je ne comprends rien !

– Tu ne comprends jamais rien ! la charrie Emily.

Elliot se lance dans le récit détaillé des derniers événements. Après tout, c'est lui qui les a vécus depuis le début ! Il oublie volontairement deux épisodes :

1/ Pas besoin de préciser qu'il est allé chercher Emily parce qu'il avait peur de descendre seul à la cave.

2/ Inutile de raconter la farce que leur ont jouée les jumelles, et leur revanche ! Les blagues des copains restent entre les copains !

Même sans ces deux informations, le récit d'Elliot retient toute l'attention d'Harriet. À tel point que cela intrigue nos amis. Ils ont l'impression qu'elle a quelque chose à leur confier, mais qu'elle se retient.

– Qu'est-ce qu'il y a ? demande sa sœur, qui la connaît bien.

– Oh, rien ! la rassure Harriet, avant de préciser, d'une voix mystérieuse : Enfin, presque rien.

Quelle étrange précision ! Les enfants doivent encore la supplier à genoux pour qu'Harriet craque et finisse par partager son secret.

– D'abord, promettez-moi de ne pas répéter ce que je vais vous raconter, chuchote-t-elle.

Tous promettent. Même Emily, qui tarde un peu car elle trouve que sa sœur cherche une fois de plus à attirer l'attention sur elle. Satisfaite, Harriet se lance alors dans un récit qui glace le sang de tous ses auditeurs.

Il paraîtrait (Harriet n'en est pas certaine) que le mari de Mme Morbleu (lui, elle sait qu'il a existé !) est mort (ça aussi, c'est certain !) en descendant à la cave pour chercher un objet demandé par sa femme... (C'est ce point qui n'a jamais été confirmé.)

Quel objet ? Est-ce cet objet qui l'a tué ? Était-ce un piège tendu par Mme Morbleu ? Harriet n'a pas la réponse à toutes ces questions !

– Tout ce que je sais, conclut-elle, c'est que moi, JAMAIS je ne m'amuserais à pénétrer dans ce box.

– Pourtant, nous n'y avons rien remarqué d'anormal, réplique Gabriel.

– À part tous les objets ! note Chloé.

Mais Harriet ne les écoute pas. Elle semble de nouveau réfléchir intensément, ce qui énerve Emily : sa sœur est une vraie comédienne !

– Ne pense pas trop fort non plus, lui lance-t-elle, tu risques de te cramer le cerveau ! Il n'est pas habitué.

Harriet ne relève pas plus la remarque de sa sœur que celle de Gabriel. Elle lâche un profond soupir.

– J'étais bien décidée à ne jamais me mêler de cette histoire, annonce-t-elle. Mais ce qui vous est arrivé m'inquiète. Je me demande si vous n'avez pas réveillé l'esprit de M. Morbleu...

Aux mines effarées qu'affiche son public, elle sent qu'elle a visé juste.

– Au moins, vous ne vous êtes pas moqués de lui ! précise-t-elle.

Là, les jumelles se mettent à claquer des dents à l'unisson. Les autres n'en mènent pas large non plus. Harriet tape dans ses mains.

– Voilà ce que je vous propose ! Quand nous sommes allés en Écosse,

Jenny, la dame qui nous a accueillies dans son gîte, m'a montré comment communiquer avec les morts !

– Je ne me souviens pas que Jenny t'ait appris ça ! la contredit Emily.

Cette fois, Harriet ne peut pas ignorer la remarque de sa sœur.

– Normal, explique-t-elle. Tu te couchais très tôt, tellement ce voyage te fatiguait. Moi, je traînais dans le salon le soir. C'est le seul endroit où il y avait du wifi.

L'argument convainc tout le groupe.

– Tu veux parler à M. Morbleu ? questionne Elliot, qui a compris ce qu'Harriet avait en tête.

– Exactement ! lui confirme l'adolescente. Je veux bien que vous assistiez à la séance. Mais il faudra être très silencieux, et respecter quelques règles...

6

Esprit, es-tu là ?

Et voilà comment, une heure plus tard, le groupe se retrouve dans la chambre d'Harriet. Ils ont tous pris soin au préalable de se dessiner sur la joue un signe de paix ou d'amour : un cœur, une colombe, une fleur. Harriet a été intraitable, il est capital de montrer à l'esprit que l'on vient avec de bonnes intentions.

Harriet leur demande de s'assoir en cercle, puis elle pose le plateau d'un jeu de dames au milieu. Elle y dispose un jeton blanc et sept jetons noirs.

– Pourquoi tu as mis un seul blanc ? demande Elliot.

Ses amis valident la question en hochant la tête : eux aussi veulent savoir !

– Le pion blanc, c'est moi. Les noirs, c'est vous.

Ah... Et pourquoi ?

– Vous comprenez, il est important que M. Morbleu ne me confonde pas avec vous. Je ne l'ai pas dérangé, moi... Maintenant, silence, je commence...

Harriet ferme les yeux puis balance la tête de droite à gauche en émettant des sons étranges. Les amis se regardent : ils hésitent entre trembler de peur ou éclater de rire. La frousse semble quand même l'emporter. Tout à coup, les épaules d'Harriet s'immobilisent, et elle se met à parler.

– Ils n'ont pas voulu vous embêter, vous savez, dit-elle.

Silence...

– Ils ne pouvaient pas imaginer ! s'exclame-t-elle.

Re-silence !

– Oui, Joseph. Oui, je vais leur dire, promet-elle. Ils iront, ne vous inquiétez pas. Ils transmettront le message.

Comment ça, « ils iront » ? Qui ça, « ils » ? Peut-être que M. Morbleu ne doit pas s'inquiéter, mais les enfants, eux, ne sont pas tranquilles du tout ! Enfin, Harriet ouvre les yeux.

– Bon, soyez rassurés, annonce-t-elle. M. Morbleu ne vous en veut pas de l'avoir dérangé.

Elle prend une longue et bruyante inspiration.

– En tout cas, il ne vous en veut *plus*, rectifie-t-elle.

C'est un grand ouf de soulagement que le groupe pousse alors. Harriet pointe l'index en l'air.

– Pas si vite ! leur rappelle-t-elle. Il EXIGE que vous portiez un message pour lui à son épouse.

Oh, là là, ça a l'air sérieux. En même temps, c'est un ordre auquel il est facile d'obéir.

– Et que devons-nous lui répéter ? demande Elliot.

Harriet réfléchit.

– Attendez, je retrouve les mots exacts. Il faut sonner chez elle et lui dire : « Joseph vous fait savoir que vous êtes une vieille bique avec du poil au menton et que vous ne lui manquez pas. »

Harriet semble hésiter.

– Vous ne lui manquez *pas du tout* même, c'est ce qu'il a dit.

Là, ce n'est plus la même histoire ! Mais les enfants promettent quand même à Harriet d'y aller tout de suite.

– Dis-le bien à M. Morbleu, insiste Chloé.

Une fois sur le palier, ils se concertent tous les six : Nora a filé. Normalement, c'est rigolo d'espionner les grands, mais là, ça ne l'amuse plus du tout !

– Qui va sonner chez Mme Morbleu ? demande Cléo.

– On peut faire la Plouffe pour choisir ? suggère timidement Nadim.

L'idée est tentante... et effrayante en même temps pour celui ou celle qui sera désigné !

– Ou on y va tous ? propose Elliot.

C'est plus rassurant... mais pas complètement non plus. Tout à coup, Emily sautille.

– Nous devons lui passer un message, mais Harriet n'a pas précisé sous quelle forme ! annonce-t-elle. Pas besoin de lui dire de vive voix. On peut laisser un mot dans sa boîte aux lettres !

Ah, la voilà, l'excellente idée qui plaît à tout le monde ! Nadim entre chez lui et ressort une minute plus tard avec une feuille de papier, une enveloppe et un stylo. Il écrit le message : c'est lui le plus fort en orthographe. Une faute serait malvenue ! Enfin, l'enveloppe est déposée dans la boîte aux lettres.

Les enfants sont tellement soulagés qu'ils se laissent tous glisser le long du mur. Et c'est donc six enfants parfaitement alignés que Patricia croise

une minute plus tard en rentrant dans l'immeuble.

– Eh bien, les enfants, qu'est-ce que vous faites là ? demande-t-elle. Vous avez entendu ce terrible bruit tout à l'heure ? Je crois que le sol a tremblé aussi.

Bien sûr qu'ils ont entendu, ils étaient aux premières loges quand...

– Un marteau-piqueur a transpercé une canalisation dans la rue ! explique Patricia. C'est pour cela que tous les plombs de l'immeuble ont sauté. Vivement que le chantier soit terminé, on retrouvera le calme.

Un marteau-piqueur ? Un chantier ? Mais alors...

La bonne nouvelle, c'est que le fantôme de M. Morbleu n'existe pas.

La mauvaise... c'est que le mot est déjà dans la boîte aux lettres !

– Harriet s'est bien moquée de nous, soupire Emily. J'aurais dû m'en douter.

7

Un papi peut en cacher un autre

L'avantage d'avoir un ingénieux bricoleur dans une bande, c'est qu'il débloque toutes les situations. Gabriel réclame :

1/ Un fin morceau de bois (Elliot va le chercher),

2/ Un bout de ficelle (Nadim s'en charge),

3/ Un gros chewing-gum mâchouillé (mission pour les jumelles).

Le garçon noue la ficelle au morceau de bois, il accroche le chewing-gum à l'autre extrémité et, grâce à cette étrange canne à pêche, il récupère la lettre destinée à Mme Morbleu. Ses amis le félicitent avec enthousiasme ! Ils sont tellement heureux qu'ils en dansent de joie.

Plus d'esprit frappeur ! Plus de fantôme ! Plus de discussion avec les morts. Et pas de soucis avec la vivante Mme Morbleu. Ça y est, cette fois, cette histoire est totalement finie.

FI-NIE !

Quoique. Emily affiche un étrange sourire.

– Harriet s'est bien moquée de nous, rappelle-t-elle. Et si nous lui rendions la monnaie de sa pièce ?

Pas besoin de vote : tous sont d'accord !

– Comment ? l'interroge Elliot.

– En attaquant là où elle est vulnérable, lâche Emily d'un ton mystérieux.

Elle jette un coup d'œil devant, derrière, à droite, à gauche, en haut, en bas : ils sont bien seuls. D'un geste du bras, elle invite ses amis à se rapprocher. Ils posent les bras sur les épaules les uns des autres. Puis Emily expose son plan à voix basse.

– Alors, qu'en dites-vous ? chuchote-t-elle.

– Votons ! propose Elliot.

Quatre voix pour : Emily, Elliot, Cléo et Chloé. Deux voix contre : Gabriel et Nadim.

La décision est prise : la vengeance va s'organiser. Promis, elle ne sera pas méchante… mais elle sera très drôle !

Dimanche, fin de matinée. Harriet ouvre un œil. Sous sa porte, des odeurs de poulet rôti s'invitent dans sa chambre et lui rappellent que l'heure du déjeuner approche. Pff, ce n'est pas une vie, elle est encore épuisée ! Elle a discuté en ligne jusque 3 heures du matin avec Inès, sa meilleure amie, à propos de Tarek. Le beau Tarek ! Cet élève de leur classe est un grand fan de rock, comme Harriet. Mais chaque fois qu'elle tente de parler musique avec lui, il s'éloigne. Inès est persuadée que Tarek est amoureux d'Harriet, et que c'est pour cela qu'il ne s'intéresse pas du tout à elle. C'est une stratégie ! Harriet aimerait croire son amie, mais elle doute. Résultat : les deux filles ont échangé au moins un milliard de messages la nuit dernière, et Harriet n'en sait toujours pas plus sur Tarek. En plus, elle est épuisée malgré sa grasse matinée.

Tout à coup, la sonnerie de son téléphone la tire de ses ruminations. C'est un appel vidéo, d'un numéro inconnu. Pff, sûrement une erreur.

Ou...

Et si c'était Tarek ? Si Inès l'avait contacté ? Après tout, elle pourra toujours raccrocher en vitesse si ce n'est pas lui. Elle ne risque pas grand-chose à répondre...

À part de se montrer au garçon qu'elle aime complètement décoiffée, sans maquillage et en T-shirt de nuit avec un gros ours dessus ! Au secours !

Pas le temps d'arranger son look, Harriet décroche et...

C'est quoi, cette histoire ?!?

Une surprenante musique envahit la pièce. On dirait ces morceaux d'orgue que l'on joue lors des enterrements, ceux qui vous donnent envie de

pleurer même si vous ne connaissez pas le défunt, que vous passez juste devant l'église par hasard. Le visage très blanc d'un très vieil homme apparaît. Quand il se met à parler, sa voix résonne.

– Aloooooors, Haaaaaarriet ! Pourquoi voulais-tu me contacter ?

Le premier réflexe d'Harriet est de refermer sa bouche grande ouverte. Puis elle l'ouvre à nouveau pour murmurer :

– Euh, non, monsieur, il y a erreur, c'est vous qui m'avez appelée, rectifie-t-elle. C'est vous qui m'avez dérangée.

Quand le vieil homme fronce les sourcils, elle s'empresse d'ajouter :

– Ce n'est pas grave, j'allais me lever !

Mais ça n'apaise pas son interlocuteur, qui approche son visage de l'écran et apparaît maintenant en gros plan. Harriet recule.

– Je ne te parle pas de cet appel, petite écervelée, mais de ta séance de spiritisme d'hier ! s'énerve-t-il. Tu ne m'as donc pas reconnu ? Je suis M. Morbleu, je reposais en paix depuis dix ans jusqu'à ce qu'une jeune fille cherche à me joindre… avec un plateau de jeu de dames, en plus ! C'est tellement ringard, tu n'as donc jamais entendu parler d'appel vidéo ?

– Si, non, oui, euh, désolée, je, ben, quoi, tricote Harriet, un mot à l'endroit, un mot à l'envers.

Puis – enfin ! –, elle a le bon réflexe et elle coupe la conversation. Le noir envahit l'écran puis sa photo de fond d'écran réapparaît. Les sourires « bouches en culs de poules » d'Inès et elle la rassurent. C'était quoi, ça ? Harriet regarde ses mains qui tremblent. *Oh my God !* (Harriet est anglaise, ne l'oublions pas !) Elle a parlé avec un mort. Il faut qu'elle aille vite le dire à Emily ! La grande sœur se lève et se précipite dans la chambre de sa cadette. Elle a alors une double surprise.

Premièrement, Emily n'est pas seule : Elliot, Gabriel, Nadim, Chloé et Cléo sont là aussi.

Et deuxièmement, tous se roulent par terre en riant aux éclats.

N'importe qui éclaterait de rire à son tour devant tant de bonne humeur communicative, mais Harriet commence à comprendre ce qui s'est passé. Elle en a la confirmation quand Emily se calme enfin et la regarde droit dans les yeux.

– Alors, Harriet, on discute carrément en vidéo avec les morts, maintenant ? lui demande-t-elle.

Sa question déclenche de nouveau l'hilarité générale. Vexée, Harriet part en claquant la porte. Les enfants mettent encore quelques minutes à retrouver leur calme.

– Il faut que nous allions remercier M. Lopez, annonce finalement Elliot en reprenant son sérieux.

– Oh, oui ! valide Cléo. Super Papi a été extraordinaire.

– Son maquillage était incroyable, confirme Chloé.

– Et je n'imaginais pas qu'il savait si bien se servir d'un téléphone portable, conclut Emily.

Les enfants sortent de la chambre, puis de l'appartement, et ils grimpent les escaliers jusqu'au troisième étage. Au moment où ils s'apprêtent à sonner chez M. Lopez, la porte s'ouvre et un élégant monsieur au gentil sourire apparaît.

– Bonjour, mes amis, vous allez bien ? questionne-t-il. Je file, je suis attendu chez ma fille pour déjeuner.

– Super Papi, vous avez été incroyable ! lui affirme Emily en lui sautant au cou.

Et tous les enfants l'imitent, au point que le vieil homme vacille, tout en gardant le sourire.

– Hé, ce n'est pas parce qu'on est âgé qu'on ne sait plus s'amuser ! leur confie-t-il, avec un clin d'œil.

– Merci ! lui répondent en chœur les enfants.

Puis Nadim ajoute :

– Super Papi, vous avez encore un peu de farine sur l'oreille !

Cette fois, le vieil homme se joint aux rires. Elliot est heureux. Non seulement il n'y a pas de fantôme ou d'esprit dans la cave de l'immeuble (il peut donc y retourner en toute tranquillité), mais il sait maintenant qu'il a les meilleurs voisins du monde dans les étages !

As-tu lu le premier tome ?

Découvre très prochainement
une nouvelle aventure de
DRÔLE D'IMMEUBLE !
en Bibliothèque Rose,
bien sûr !
Pour tout connaître sur tes séries préférées, va sur le site :
www.bibliotheque-rose.com

TABLE

PAPIER À BASE DE
FIBRES CERTIFIÉES

hachette s'engage pour
l'environnement en réduisant
l'empreinte carbone de ses livres.
Celle de cet exemplaire est de :
300 g éq. CO_2
Rendez-vous sur
www.hachette-durable.fr

Photogravure Nord Compo - Villeneuve-d'Ascq

Imprimé par Rotolito Romania en Roumanie
Dépôt légal : novembre 2021
Achevé d'imprimer : octobre 2021
68.5787.0/01 – ISBN 978-2-01-716213-1
Loi n° 49956 du 16 juillet 1949
sur les publications destinées à la jeunesse